LEJANÍAS

WILSON HERNÁNDEZ

LEJANÍAS

"El hombre es un ser de lejanías."

Martin Heidegger

Qué es lejanías, más que una distancia larga, unos sueños dejándonos, una espera infinita; no hay compasión en lo lejano, nos habla de ausencia, nos habla de los abandonos interminables, y de los terminables; sus palabras son oscuras, sus manos nunca complacen del todo, sus besos nunca alcanzan a ser tibios.

Martin Heidegger escribió "El hombre es un ser de lejanías", siempre estamos partiendo, partimos de cada minuto que vivimos, de cada lugar que saludamos, de cada corazón que amamos y desamamos; duramos solo el lapso necesario, levantamos velas, aún sin viento, a nuestro antojo; presentimos el tiempo y dejamos las puertas abiertas, desistimos del sueño por aquél que también dejaremos. Siempre hay un recuerdo, siempre una añoranza nos conmueve, siempre una despedida nos espera a la vuelta de la esquina.

De eso trata la vida, de ser lejanos en algún momento, de que nos sean lejanos inexorablemente; nuestras alegrías llegan y parten, nuestros antojos vienen haciendo presentir ya su partida. Siempre tenemos algo que ausentar, un ser de lejanías, de lejanías lejanas y cercanas, un ser de lejanías inconclusas, es la excusa existiendo para cada una de nuestras memorias...

A MANERA DE PRÓLOGO

Suenas lejana como un eco en mi memoria, como si hubieses venido a exigir un pensamiento tuyo, el que grita tu nombre a causa de no saber más que anunciarlo, el que sueña con cada noche tuya, que besa con tus labios pues no sabe de algo más complaciente y manso que tu boca, el que vuela desde tus ojos por no haber mejor lugar del cual partir o al cual llegar si no son tus pupilas, el que acaricia con tus manos y crece desde tu alma inagotable. Tú que eres más linda que todas las mañanas, que suenas en mí como la golondrina, que hueles en mí como el jazmín, quien diría que serías morada de mi pecho, refugio tímido de mis quimeras, que estarías aguardando cauta la venida del amor que yo guardaba hasta tu llegada, que vendrías a reclamar un pensamiento que hace parte de ti…en mí…

W.H.

RENUNCIACIÓN

Sin el enorme afán

de escrutarle la ánima a la espera,

de soportar a la intención austera

de la paciencia, están

unas apáticas ideas que se irán

y una renuncia que es cualquiera,

y en este corazón

un propósito simple quedará,

un recuerdo que mañana no estará,

y una última intención,

que no llene a la razón

la memoria que me quede ya...

EMBELESO

Si el corazón exangüe se enamora,
si reitera la pena con los ojos
de aquella que vuelca sus antojos
y espinas sobre el pecho, ahora

que redundo en ella y que cautivo
aparezco otra vez sobre los rojos
labios de quien siembra abrojos
y pesares cada vez que la recibo,

será que me enamora todavía
un oscuro mirar en su retina,
será que sin embargo habita
como siempre en la tristeza mía;
el sosiego que me falta la adivina
cada vez que en mi pecho resucita…

AMNESIA

Paréceme
la torpe amnesia
un escape exquisito
de la distancia tuya,

y si alcanza la memoria
a disolver tu olvido
de mi pensamiento,
y si descansas en paz
en mi cementerio
cerebral,

sólo espero
que a aquel fantasma tuyo
no le dé por espantarme
el alma...

EN SILENCIO

Mañana cuando el día esté estrenando
aire, viento, olvido y madrugada,
remota la ilusión, el alma helada
imaginando amarte, imaginando
adorar tu recuerdo, amando nada.

Teniendo la conciencia abandonada,
en cada desvarío deseando
recordar la ternura en tu mirada,
entender tu palabra inanimada,
saber de la locura, y despertando
amándote en silencio dulce amada...

SOLAMENTE

Si pienso en vos se aquietan,
se acallan todos mis espantos
y huyen al saber que sos mía,
y es que al sentirme solo
con tu dulce recuerdo
me complazco,
y en tu recuerdo existo,
y con tu recuerdo
me alimento,

y nutrís mis entrañas,
das de la memoria a mi pecho,
a mis vísceras de tu presencia
curando mis dolores,
porque no existe cielo
que complazca mis ojos
si no es el cielo de tus ojos,
no existe refugio de mi sueño

si tu pensamiento

no aparece,

y me torno abatido

si al preguntar por vos

ya no venís

a secuestrar mi mente,

a liberarla,

a perdonar la idea de mi muerte,

a perdonarla,

y a amarme,

solamente...

PENSAMIENTO

Pienso en vos mi noche generosa y loca,
pienso en vos más que mi noche mi agonía,
mi pensamiento no es igual que el que solía,
mi pensamiento nuevo no te toca.

Si pienso que no estás siempre te evoca
la memoria que siempre te tenía
pero si pienso que estás igual sería
que no te nombrase nunca más mi boca.

Así noche distante y lejanía,
como sé que mientras más te invoque
menos estás en la memoria mía
pienso quizás en que mejor sería
dejar que mi recuerdo no te toque...

HASTA TI

Conocerte fue promesa de tañer de campanas,
desde entonces has sido reverbero y combate,
y amarte convirtióse en viaje de los sentidos,
sueño de ojos, infinito de voz hasta mi ausencia,
río de aguas dulces en mi boca transitoria.

Te amo desde siempre y siempre y para siempre,
desde que mis pupilas siguieron a tu paso,
así aprendí a mirarte con los ojos cerrados,
a recordarte ebrio de tus grandes ojos oscuros
con mis manos propagándose en tu cintura.

Sumerjo mi alma en tus manos doradas,
se apacigua la sombra del tiempo de la vida,
ya no devora el invierno más los sueños,
hermosa eres, edén de las cerezas prohibidas
y eres el corazón que extravié y he buscado.

En ti derrocho eterno todo aliento y respiro

hasta el fin de la vida, encadenado te amo

una y otra vez repetitivo, incauto,

y te desamo a veces y desdeño y esquivo

para volver a amarte como fue en un principio.

Tú por los siglos conspirando la vida,

quién pregunta a la distancia por mis quimeras,

voy y arrojo en tus regiones todos mis episodios,

y largamente arrastro el tiempo en tus caminos

hasta las puertas conocidas de tu pecho…

EN ESAS HORAS

Horas de desespero,
ya no has de ser en mi nostalgia loca,
yo cuan remota te prefiero
pero te invocan
todos esos recuerdos que no quiero.

De qué manera te alejas,
de qué forma te me das, ausente,
mi lejana, que soy cuando me dejas
que taciturno estoy si estás presente
y voy hacia ti cuando no llegas.

Tu dulcedumbre espero,
espero al desafío de tu boca,
y que provoca
que si me llega muero
y lastima cuando no me toca...

CULMINACIÓN

Disponible a la aflicción
me prohíbo una sonrisa
y permanezco en un discurso
aburrido y cotidiano,

obtengo
una culpa silenciosa,
alcanzo una ocasión
para liquidar al beso
y rebosar mi aliento
con el mutismo efímero,

asimilo
la infame claudicación
de mis pulmones,
para desertar de la existencia
anticipadamente
y así fundirme el alma

con tu celeste ánima,

y escabullirme

entre tu espíritu,

y disolverme

en tu repentina exhumación,

y amarte

con opción eterna...

ME VOY

Me voy con el intento irremediable
de un adiós vacío y doloroso,
con la propuesta de una nueva vida
y una nueva muerte apresurada.

Me voy con este olvido que es tu olvido
y una última palabra en la garganta,
con un nuevo pensamiento que morirá de solo
y con aquel que siempre te recuerda.

Me voy solo y sin regreso,
sin el beso que me prometiste,
sin los sueños que nos alimentaban
la esperanza.

Me voy sin tus suspiros sugiriendo la noche,
sin la memoria que te conseguiste para vos,

sin ese sentimiento que siempre ha sido mío,

me voy sin olvidarte para siempre...

ALUCINACIÓN

Presentí su aroma antes de la llegada,
sospeché el jazmín desprendido
en la noche sin tiempo,
aquel aliento en la boca del cielo.

Y prontamente las palabras sin destino,
más que el pecho que espera,
más que el sueño inequívoco
y el verso que nacía en su nombre,
fueron dulces y ciertas;

todas las caricias que iniciaban en mis manos
tenían fin en sus manos,
y toda belleza tenía flor en su boca
y cielo en su pupila,
y tenía hogar en mi memoria.

Sin entender aún el despertar,

el final de la magia llegaba melancólico

con una ausencia súbita,

pero con cada noche alucinada

cuando el viento traía suave

un aroma lejano,

cada recuerdo suyo

terminaba nuevamente con la pena…

CALMA

Retorno
al secreto rincón
del suicida alivio
y tomo ya la tarde
de segunda mano,
y espero el trueque
del tedio por la calma
cómplice del enojo,
y transfiguro el cielo
y lo pongo inmediato
al pensamiento
para al fin recobrar
aquel recuerdo desprendido,

y veo como se amontona
en la memoria,
sobre el testigo ocaso,
y me duermo tranquilo...

SUTIL ASUNTO

Ayer yo no pensaba solamente
ni ayer soñaba como ahora
gastando mi mañana a toda hora
en este bello pensamiento ausente,
la risa, esa, que se me demora
ahora es nueva y diferente.

Pasa mi vida tan lejos de la gente,
acumulado tu recuerdo le devora,
teniendo en cuenta que tan sólo añora
reír con tu sonrisa solamente,
ignorar todo ese sueño otrora
con este loco corazón urgente,
imagino que si tanto te valora
acaso te ama tan profundamente...

SERENIDAD

Hay algo

singular y exquisito

que siempre me sucede

y es que mis palabras

no temen de vos

ni de tu bandada

de gaviotas oculares,

y salen libres

en repentina decisión

para llegarte,

para asistir

a tu interior asueto

sin turbación alguna,

y es que el aliento es cálido

y les duerme,

y les calma

inexorablemente.

Hay algo

singular y exquisito

que siempre me sucede

y es que

asidos a tu boca

mis labios se sostienen

y no temen y se duermen

y no tiemblan

y sueñan y reposan

y se tranquilizan

después

de la cotidiana aflicción

y descansan

de su enorme pena

solitaria...

PARA QUE ME RECUERDES

Para que me recuerdes

le contaré a la noche

lo que siento

y a ti te narraré

de mis tristezas,

de mis amplias desolaciones grises

cuando no estoy allí a tu lado,

y la sonrisa y el corazón

cuando te veo,

mas,

sólo conseguiré

que tú me ames.

Para que me recuerdes

te amaré con el alma,

y en el alma

levantaré una espera

de fiesta y alegría

para ti,

le legaré al suspiro

el corazón

que a ti te quiere,

mas, sólo conseguiré con ello

que necesites de mí.

Para que me recuerdes

desecharé al olvido

y llenaré los sueños

que recorren la memoria

de tu divino encanto

con la sonrisa

que me llena el verso,

con la presencia tuya

que es la misma mía,

no obstante

sólo conseguiré con esto

retenerte el sueño.

Entonces

y en intento vehemente

que no puedo evitar,

para que me recuerdes siempre,

he de llevarte en mí...

ANTAGÓNICA

Si vos mi bella, mi razón, mi vida,
pretendes ser en mi memoria agónica,
precisas ser en tu intención irónica,
y ser así mi helada y consentida.

No sé mi dulce, mi amarga, mi antagónica,
cómo permites ser sueño y ser temida,
presintiendo al llegar vos tu partida,
siendo mi todo, mi nada, mi hegemónica.

Tu sobriedad, tu lejanía crónica,
tu dulcedumbre, tu cercanía armónica
que me aleja de vos y me convida,
la salvación y la sangrante herida,
tus altos y tus bajos, tu constante huida,
que me hace ajeno y siempre tuyo Mónica…

ADIÓS

Adiós noche de verso azul,
noche de luna trémula,
adiós te dice
éste que no se expresa
como el viento,
éste que no te habla nunca
como antes.

Adiós noche de boca serena y apacible,
noche de mirada oscura,
noche de alma iluminada;
te dejo mi callada espera
en hipnosis nocturna
de mis ojos,
te dejo esta desolada incertidumbre,
este sueño despierto,
esta locura sin aliento,
este pensamiento sin asunto.

Y aunque te diga noche

fría y desolada

y no mañana o tarde fiel y tibia,

adiós mi noche pero te recuerdo

con el oscuro corazón

que me dejaste...

ESAN

Serías así no más si te dejaran,

si las manos salvadoras no te asesinaran,

la hoja cae desprendida y muere,

la semilla en el asfalto qué sería,

de seguro ese cielo te prefiere,

en éste tu alma diminuta no podría.

Pero quizás así no más serías

unos ojos cerrados, unos ojos cerrados,

una noche de noviembre fría,

una de esas sin arrepentimientos,

una quietud amniótica piadosa,

un consuelo un tanto sentenciado,

un repentino sueño sin momento,

una siniestra muerte dolorosa,

un adiós postrero y consumado.

Así no más, así apenas serías

un alivio para nuestro juego,

una soledad sin compañía,

un ansioso verbo conjugado,

una inútil sonrisa hubieses sido,

un genético poema y luego

esos miles de versos fallecidos.

Y si te dejaran apenas que serías,

tendrías la sonrisa que me enamoraba,

y tendrías esa mirada que he tenido,

esa palabra que ya conocía,

esos enojos que siempre evitaba,

esa que de veras me ha dolido,

vida mía.

Y si hubieses querido,

para vos no quise tantas cosas,

no quise un secuestro adolorido,

fue la razón tan poco generosa,

una excusa un tanto bondadosa,

una que te salvara de la vida,

una que ya nunca volvería,

que resulta aún más dolorosa,

si las manos que condenan ya no te salvaran

serías así, apenas serías

sólo si te dejaran...

LUEGO

Imaginándome en la sombra
descubrir tus ojos,
estrenando una memoria,
clavándome en un alma;

ya no regresa el horizonte
que he dejado,
ya no regresa el sueño de ayer,
ya no le persigo.

Llegás inalterable
con tu caricia joven
y tu palabra
llena de razones,
y sacrifico de nuevo una sonrisa
a pesar de la pena,
y sacrifico un verso
a pesar de la tarde.

Pero me conocés
y sabés de mis múltiples consuelos,
y colocás tu duda inmensa
como una bahía
y tu instante de sueño.

Yo no puedo estar perdido
por más tiempo,
mis amnesias ya no son las mismas,
a veces el aliento ya no quiere correr,
los ojos quieren vivir solos,
pero en esta ocasión
afortunadamente estás,

tiene una ventaja
el desuso del sueño
y es que parece nuevo,
el corazón consigue
su otoño interminable,
se distrae de nuevo en tu sonrisa
y lentamente crea
un amor pacífico como una inmensa luna,
paciente como un árbol.

Vos no venís con mayores pretensiones,

un beso ocasional,

un tiempo para la memoria,

un buen amor como un auxilio.

Las vanidades ya no son necesarias,

ahora el alma sustituye su cielo

por un pequeño mar,

y un barco y otra alma,

yo lo percibo en tu vital aliento,

los huesos envejecen

al igual que la carne,

pero el alma sólo quiere

su momento de paz,

su momento de cielo navegable.

Yo puedo amarte tanto,

son muchos los lugares cuando somos,

no cuando soy yo y sos vos,

siempre hay donde volar inesperadamente;

el silencio ya no me divierte,

encuentro que es más fácil de vivir

si me acompañás;

para vos

la ausencia resulta melancólica,

para mí es parecido

aunque es mejor

no mencionarlo...

VENGO

Vengo con una sonata,
melancólica, mustia,
quién quiere escucharla,
esta canción no es mía
pero está hecha de todas
mis soledades;

esta canción es de arena
y de nostalgia,
de pensamiento ausente
y lontananza,
desarropada de dulzura
y llena de amenazas,
es la excusa de siempre,
mi desdén infinito,
la que me salva
de los amores inconclusos,
de los inventos tristes.

Esta tonada es de silencios,

es de noche y tiniebla,

se vale de instrumentos aparentes,

de constantes quimeras,

quién la quiere cantar,

quién le quiere regalar

una sonrisa,

quién le regala un sueño,

yo no puedo ofrecer

más que sus altos y sus bajos,

algún quebranto ocasional.

Vengo con una canción

de sueños repentinos,

y quién la entonaría

de vez en cuando;

en mis manos los fantasmas

suenan como todos,

se apagan los cielos,

se cierran las ventanas azules;

tengo una tonada inconsolable

que suena a mis enfados,

que sabe a los malditos abandonos.

Vengo con una canción

que nunca rima,

quién quiere escucharla por si acaso;

no es mía

aunque esté hecha

de todas mis remotas soledades,

de arena escurridiza,

es la canción con la que beso,

mientras duermo,

mis olvidos...

AMOR

Amor pacífico, anochecer y olvido,
los sueños de la noche se levantan
y le hablan
a mi corazón adolorido.

Amor lejano, quimera condenada,
los sueños exiliados se deshojan
y perdonan
a mi alma tan callada.

Amor de océano, ola que cantaba,
los sueños últimos se ahogan
y abandonan
a mi sentimiento que se acaba...

DIÁLOGO VISUAL

Suspiro
por el eventual encanto
de tu suave presencia,
y abrigo en mis retinas
a la repentina aparición
de tu mirada,

invoco a la cautela
y la asesino,
y me empeño
en descifrar aprisa
quien sos
y que encierra
tu vacilante
constelación de pensamientos
y tu ecuación de sueños,

pero tu visión

me excava las pupilas,

se me queda en la garganta

la palabra,

y termino por quedar

inmóvil

y agazapado

en el leve silencio,

ojalá pudieras

conversar con mis ojos...

ÓBITO

Qué más da

si repentinamente

me liquido el alma

y le lego al desconsuelo

mi cariño,

y al sentimiento

le prohíbo reanudar

su cotidiana actividad

en inesperado óbito,

que me queda si no

zurcir mi corazón

con tu recuerdo

quizás...

SOLEDADES

Fluyen
a los extremos del alma
fragmentos de pesares ausentes,
anuncios inconclusos,
restos consumados;

se aferra al instinto
algún intruso pensamiento,
alguna misteriosa
disposición de adiós,
vuelo de aves remotas,
una que otra
desolación fortalecida,

y se permite
una vacante el sueño,
y sangra el alma
y vuélvase la sombra,

y al instante concurren

tantas soledades marchitas,

con el pretexto

de despedir

una vida malcontenta,

una risa malograda,

y brindar por el viejo cansado,

aquél de los latidos

que no es el de siempre,

el que desconoció los versos,

el que se abrigó en el calor de la muerte...

SIN VOS

La noche cae y enmudece
pudiera ser pacífica,
pero sin tu silencio
es solamente
como una noche triste.

La noche cae y duerme,
lleva el color del alma
cuando está tranquila,
desaparece en las pupilas,
pudiera ser descanso de mi sueño
pero sin esos ojos
en oscuro equilibrio
con los míos
es simplemente
como una noche negra.

La noche cae y es

como una fresca sábana

de cielo,

y con ella el calor de la mañana,

pero sin tu boca

y sin su aliento dulce,

es completamente

como una noche fría.

La noche cae y es

como un hermoso verso

solitario,

pero con ella caen

todas esas sonrisas

que solía,

y es que sin vos mi vida

es vanamente

como una noche

enamorada

de la melancolía...

TENGO

Llevo en mis ojos

un retrato

y una tristeza

profunda y misteriosa,

un viento salpicado

de muerte vacilante,

de un oscuro bostezo;

tengo en mis manos

un latido,

un mar de miedos palpitantes,

una sombra descalza,

una lujuria nueva,

una paloma que supone

un abandono;

tengo un recuerdo

inalcanzable

y un miedo que solía

no buscarme;

tengo en mi corazón

una distancia,

un amor gigantesco

como un cielo,

una mirada que olvida

fácilmente,

una memoria eterna,

y un beso que te llama

irremediablemente.

Carezco de motivos,

de destinos ocasionales,

de una melancolía

diferente,

de una tristeza oculta

en tu palabra,

en tu caricia diaria,

en tu verso cotidiano,

algo que me haga sentir

menos cadáver,

que me convoque al alma

un nuevo aliento,

que me asesine menos

cada día

y que te acerque un poco

a mi noche cautiva,

a mis ojos,

a mi corazón solo...

A VOS

A vos que sos primera,

a vos que me has querido como he sido,

a vos que entre mis penas has dormido,

a vos que yo te adoro aunque no quiera,

a vos que sos espera,

que de paciencia a mi impaciencia calma,

a vos que calla mientras grita mi alma,

a vos que estarás cuando me muera,

a vos que sos cualquiera,

a vos que vaga por mi piel perdida,

que ante mis besos te mostrás vencida,

que ante mis sueños te mostrás sincera,

a vos mi amor,

a vos mi vida...

CIELO

Con esos ojos de noche sosegada,

con esa mirada oscura,

con ésos me ilumino el sueño,

con ésa me enternezco el alma;

con la caricia buena de tu mano,

con el abrazo dulce que has tenido,

con ésa me sostengo la sonrisa,

con ése no me canso de la vida;

con aquellas palabras de nocturno,

con esa boca nueva de tu risa,

con aquéllas me rompo la tristeza,

con ésa me conjuro el pensamiento;

con ese rostro hermoso,

con aquella aventura de tu pelo,

con ése me pongo una alegría,

con aquélla me estoy haciendo un cielo...

CUÁNDO

Cuándo vendrá de nuevo
tu sonrisa,
la lluvia de tus ojos
mojándome la cara,
estarán en tu boca despiertos mis silencios,
me preguntará tu mirada
como siempre
qué significa;

es difícil saberlo cuando es el alma
quien no puede dormir y habla,
cuando el insomnio ronda
mis fantasmas más cercanos.

Pero tu sonrisa hermosa vuelve siempre,
ella sabe muy bien cuanto la necesito,
cuanto me salva de las noches
en que me siento solo.

La mañana no quiere recordarme

mientras que tu no vengas,

la noche se hace lenta

y no quiere que sueñe,

pareciera cobrarme por tu ausencia;

ni ella puede descansar sin tu sonrisa.

Yo como siempre no hago más

que tratar de engañarla,

pero no es fácil,

la acostumbraste mucho a estar alegre

y a los sueños calmados;

cuándo vendrás de nuevo con tus ojos

a preguntarme lo que significa;

no es más que un corazón que no descansa,

que un amor que espera

impaciente,

yo mismo no sé lo que pueda ser,

sólo tiene sentido cuando está tu mirada,

sólo tiene sentido esta tristeza

al contemplar tu rostro,

al escucharte hablarme tiernamente;

un cielo nunca es tanto

sin los ojos que le miren,

pero que son ellos sin ese azul inmenso,

pero que soy yo mientras no llegues.

Y qué será cuando mi noche acabe,

despertándome un beso

de mi enorme insomnio,

de esta soledad de brazos negros,

de ésta que ya no me salvará;

cuándo vendrás a preguntarme

lo que significa,

yo mismo no lo sé,

ya no tiene sentido sin tus ojos,

sin tu sonrisa nueva,

sin esa palabra interminable

que siempre me dejabas...

LEJANA

La expresión callada de tus sombras
en donde duermen mis silencios negros
envuelve a mis lúgubres pesares
y me trae en su viaje impreciso.

Hacia tu floresta, mi dulce oscura
en donde se pierden las almas,
voy cada vez en busca de mis exilios
y a romper mis alas en su pecho;

Con tu respiro tibio y tus besos de fuego
las palabras permanecen oscuras
y ocultan el frágil corazón de la vida
en sus pequeñas manos.

Un suspiro asalta a los sueños
y es un vacío enorme dentro del alma
a donde van las penas a curar sus muertes

y a dejar cicatrices en frente de mis ojos.

Admiro el vientre que guarda el cuerpo de la tierra,
el cielo deposita su espíritu orgulloso tras la máscara azul,
qué sentido le falta a las cosas hermosas
cuando las manos no pueden alcanzarlas…

SOLO

Abandonado y solo,
como un lamento sin el alma;
sin vos en esta cotidiana angustia.

Recuerdo que prometí no extrañarte,
recuerdo que prometí también
no mirarte en mis sueños,
no escribirte una palabra más
en mi recuerdo,
pero que inútil fue.

Lamento nuevamente
toda esta irremediable cobardía,
esta sensatez sin uso,
este pensamiento tuyo.

De nuevo me hace falta tu sonrisa
pero no quiero que te enteres,

de nuevo esta mirada muerta

te exhuma de mi luto coronario;

ocasionalmente me refugio en el silencio,

me deshago de tu voz un breve instante,

por un momento logro estar en mi silencio,

solo y sin el tuyo,

sin la murmuración de tus pulmones;

logro cerrarme el alma,

guillotinarme un llanto,

me fortalezco en lo oscuro

de mis noches infinitas

pero es de nuevo inútil

sin vos en esta cotidiana angustia...

TU SONRISA

Tu sonrisa aparece en el momento
en que mi angustia acaba,
merodea mi alma temerosa y esquiva;
tu sonrisa no acaba en el aire,
siempre es más de lo que manifiesta,
pero nunca se atreve a entrar
demasiado en mi pecho
a pesar de la súplica.

Lejos de tu sonrisa no existe ningún cielo,
todo es así,
supremamente oscuro;
lejos de ella
no hay caminos que lleven
tu rostro hasta mis ojos tristes y solos.

Nunca hay demasiado tiempo
para extrañarla a ella,

a tu sonrisa,

el mar donde la busco es enorme

y caprichoso,

y las olas ya no cantan poemas

en su nombre;

nunca hay demasiada razón

para olvidarla a ella,

a tu sonrisa,

nada es tan suficiente

como su enorme belleza;

a pesar de que parta lejos de mis ojos,

a pesar de que no me busque

yo la espero impaciente,

la extraño en demasía,

y mi muerte comienza

donde empieza su viaje

y termina donde su adiós culmina.

Y es que el aire no acaba en tu sonrisa

que siempre es más de lo que manifiesta,

porqué nunca se atreve a entrar

demasiado en mi pecho

a pesar de la súplica,

quizás ni siquiera luego de todos los tiempos

tu corazón responda,

cuando busco en la noche de tu sueño,

donde habita tu sonrisa,

una respuesta a tanta melancolía...

SÓLO SÉ AMARTE ASÍ

Sólo sé amarte así
con todo mi pecho,
mi sangre es buena tinta
pero mi pluma no quiere más escribir tu nombre.

Te amo tanto pero ya no creo saber qué significa,
yo no parto muy a menudo
y generalmente el mismo viento
es quien seca mis miedos
cada nueva mañana,
mis tristezas se quedan inmóviles
esperándote,
yo sé que no regresarás
pero no me atrevo a decirles,

mi pena es tan pesada
que no puedo lanzarla muy lejos
y mi sol es uno de esos

que no brillan todos los días,

yo tengo una guitarra

que no quiere sonar en mis manos

y una sombra larga tras de mí que no se mueve

con los mismos movimientos míos

y una esperanza

que parece ser lo primero que se pierde,

y es que tus sonidos suenan tan lejos

que no puedo escucharlos,

tus pasos no dejan huellas

y no puedo seguirte

cuando decides caminar en otra dirección

y mi corazón toma una ruta distinta a la mía;

debemos jugar las cartas que nos dan

a ver si la tristeza deja de resistirse,

pero el olvido es una pala

con la que no puedes cavar mucho.

Solitario y leve muero en tu aliento,

inexorablemente te afilo el puñal

y luego la congoja me llega

con sus oscuros golpes;

sólo quiero subir al cielo para besar tus labios,
aquellos flor y sangre,
siempre me perturbaban,
hicieron fuego en mi incesante ida,
a qué hora partí sin despedirme;

fui matándole un día a tu sonrisa,
me fui muriendo como un mar inmóvil,
pero no quiero levantar mis ojos
y saber que no estás.

Dulce mía,
amo tu libertad de fuego,
pero tengo un ejército esperando
para apresarte
y no serás tan ágil;

mi corazón ardiente te suplica,
no hay más salvación que tus manos doradas,
mi alma finge morir
para saber si querrás resucitarla,

inexplicablemente

creces en mí como la noche,

cada vez más oscura e invisible,

irrevocablemente me gusta

la hermosa sensación de tu silencio,

y vengo a vos porque no hay más razón

para mi existencia,

porque quiero que agarres con firmeza mi pecho

y le escuches,

vengo a ti suplicante para que sigas siendo

no hay forma de olvidar tan fácil

el camino que hicimos,

y todas las hojas que cayeron

la vida no consume;

espero oír a tu boca decir

que olvidas las espinas,

tú y yo nunca podremos ser ajenos,

tu olor a miel cruza incesante

mis sentidos,

y en esta embarcación no quiero ir solo;

tú me conoces bien y sabes

que tengo la piel y el beso suficientes

para tus alegrías,

no me dejes dormir en tu recuerdo,

allí no quiero estar si no a tu lado,

cómo hallo una salida que alivie

a cada una de mis muertes...

NO HAY PARTIDA

Yo tengo el amor de todos los mares

y voy a ti siempre sin buscarte,

el adiós no existe cuando eres uno solo,

mi memoria echó raíces en tu sueño,

mi sonrisa principia en tu sonrisa,

mis ojos nacen en tus ojos

y todas sus miradas crecen de ti;

mi vida sólo existe al lado de tu nombre,

sólo puedo partir

cuando sé que estás al final,

sólo puedo quedarme si aún estás aquí,

si siento aún tu aliento,

después de todo hueles un poco a mí

y yo huelo un poco a ti,

y no puedes cambiarlo.

Nuestras almas están una en la otra
como una muñeca rusa,
ellas se buscan siempre
al final de la vida,
tienen igual destino,

podrás volar tan lejos como quieras
con tus nuevas alas,
podrás migrar al sur lejos de mi pecho,
no obstante encontrarás lluvias a tu paso
que te harán recordar las mías
y algunas nubes
te parecerán conocidas,
porque algunas veces
no hay cielos mejores que los tuyos propios,
a veces no queremos volar lejos de casa
por demasiado tiempo,
las aves siempre vuelven,
aunque muchas mueren solitarias
intentando regresar a su lecho,

sólo hay lugares a los que pertenecemos
y el resto son ajenos,

tú y yo correspondemos al mismo meridiano

y nuestros lares, tarde o temprano,

nos obligan a volver cuando nos agotamos.

hay cosas que sólo pueden saberse

cuando el corazón ama

de ciertas maneras,

habrá en el mundo algún poema

que aún te enamore;

cuando volverás pájaro al nido...

A UNA NOVIA MUERTA

Veo mi cielo partir,
ya no hay remedio,
las nubes se fueron primero,
su azul quería que lo recordara así
hermoso.

Mis penas son hondas
como el corazón en el
pecho sangrante,
cuanto querría
poder frenar este sufrimiento,
este adiós de mi azul,
pero todas sus aves huelen a despedida;

a veces tengo nocturnas visiones,
en sueños desiste de dejarme
mi cielo conoce de los abandonos
y sabe que hay amores

que duran por siempre,

pero la noche es larga

y el sueño tan corto,

la realidad es peor de lo que sospechaba

y me doy cuenta de que no volverá,

roto ya el cuarto sello

parte lejano hacia un lugar llamado Seol

con un manantial a su izquierda

y un gran mar a su derecha

hecho de todos mis pesares;

mi cielo dice adiós

y no puedo detenerlo,

olvida la razón por la que se quedaba,

pero hacia donde volverá los ojos

en la profunda noche solitaria.

Mi azul sabe que daría mi existencia

para truncarle el paso,

cuando se van las ilusiones

es para siempre,

cuando mi cielo se va

no deja ninguna puerta abierta,

no deja ninguna luz encendida;

veo partir a mi azul

y no quiero volver la mirada,

pero quiero estar allí cuando se esconda

la última letra de su nombre;

mi voz no llega tan lejos

ni tan hondo,

mis versos se mueren de vacío,

mi beso es deshojado por un último suspiro,

no tiene razón de ser

y allí donde estaba mi azul

queda un negro profundo,

un silencio agonizante,

queda una soledad como esas que no existen,

queda un sueño inmensamente roto,

queda un vacío enorme

y queda,

la única ilusión que es la mía...

ASÍ

Mi estilo es convencerte

de que sepas con firmeza que te amo,

mi estilo es conocerte

de nuevo y poder verte

abrazada a mi sueño si te llamo.

Mi estilo es conducirte

directo hasta mi alma porque te amo,

mi estilo es dirigirte

hasta mi corazón para decirte

cuanto mi soledad y yo buscamos.

Mi estilo es describirte

con mi palabra inquieta cuanto te amo,

mi estilo es descubrirte

enteramente linda y seducirte

con los besos y caricias que inventamos.

Mi estilo es despojarte

de la duda que tienes de que me amas,

mi estilo es recordarte

y esperarte

en esta oscuridad que te reclama...

AMADA

Qué corazón sonoro,

qué latido implacable,

trato de hallar lo que perdí,

perenne,

el vuelo azul de tu voz

hasta el océano herido que es mi alma,

pero qué son tus lejanos destierros

y cuál es tu silencio de fuego

que como espada cruel

atraviesa mi pecho,

inevitable,

y deja su fragancia indecible y sangrienta.

Qué peligrosa flor

habrá de ser tu delirante boca

que salvaje retuerce su tallo

en medio de la noche,

e inclina su hermosura

hacia mi amarga orilla solitaria

cuando ya mueren las horas.

Y qué misterio encierran tus pupilas

cuando ellas me miran,

cuando su formidable violencia

me apuñala el alma,

dejan mi substancia herida

y olvidan que soy yo.

No sabré decir un adiós tan mortal

como el que trata esa golondrina que llevas

y que hace su nido de piedra en tu pecho;

qué sepulcral aire

lleva tus pasos lejos de los míos.

Dime mi amada

cómo se enamora a tu alma,

cómo vive de mi vida,

qué caminos de arrolladora tempestad

recorren tu sonrisa viajera,

y cuáles de ellos puedo caminar seguro,

sin perder mis sueños trémulos.

Cuándo dejarás de concentrar tantos silencios

y tanta espera errante,

este caminante viene a saciar

su enorme soledad

en el extenso mar de tu dulzura,

este caminante muere de a poco

si no ve tu horizonte...

NO SÉ CÓMO TE AMO.

No sé cómo te amo,
si espero tu olvido o el olvido,
baldía la quimera que habitamos,
inútil es si grito y te reclamo
con ansias pero ya vencido.

Escuchas mi lamento dolorido,
extraño sigue siendo a tus empeños
en la lóbrega sombra mi gemido,
una súplica insomne y sin sentido
que infatigable te disloca el sueño.

Continúa el desdeño
sin ser esquivo a la respuesta tuya,
cada vez que yo enseño
lo infatigable de mi dulce ensueño,
ocasiona que fatal me huyas.

Y qué tan tuya

puede llegar a ser el alma mía,

aunque se abrume incesante y se destruya,

y en el alma que te habita no concluya

tu perpetua lejanía.

Constantemente mía

te siento a pesar de que se acaba

el amor que solías,

el corazón que amaba

en las sombras de tu pecho fallecía...

NOCTURNO

I.

Yo vuelvo a mis recuerdos,
me encuentro nuevamente con tus ojos que me miran,
oscuramente hermosos,
iluminan mi alma y la llenan de insomnio,
me subastan el sueño y me apresan
y me dejan inmóvil al lado de tu pecho
y me hacen respirar con tu aliento,
son un buen lugar para el alma y el sueño;

yo les vendo un suspiro momentáneo,
mas, mis recuerdos me rondan y a mi alma
en busca de las sobras de vos
y me quedo al final con tu nombre
en mi boca y en mi sueño.

II.

Pronto vendrás y será como siempre
pero te necesito tanto hoy;
y si vinieras de pronto a pintarme una sonrisa
sobre el pecho y el alma,
tenía que ser tan negro el cielo que me queda
tenías que clavar la rosa melancólica en mi pecho.

Vendrás acaso para que resucite resignado
y olvide los puñales que son
en la sombra tu ausencia.

III.

Esa barca redonda y blanca
iza sus velas celestes
en ese océano negro y atmosférico de tus pupilas
y besa cada mirada de tus ojos
fabricando nuevos sueños marinos,
nuevas melancolías nocturnas,
nuevas muertes amadas de memorias,
nuevas treguas de pájaros oscuros de ayer,

nuevos cielos azules de aquellos extinguidos.

IV.

Acaso habita mi recuerdo en tu silencio
como vos en el mío,
o es verdad que estoy más solo de lo que sospechaba.

Inerte y azul
me alejo de este pensamiento,
de este amor y de este sueño,
de esta tristeza inmensa,
de este funeral apresurado.

V.

Te mato a besos,
tu dulzura conoce de este llanto frió
y me salva como siempre de la noche que llega,
de sus oscuras intenciones.

Mis ojos se calman
y olvidan a las sombras y a la sangre,
al olvido,

al relámpago de muerte,

al tiempo sin vos;

y esperan a que se extravíe el abandono

y hasta entonces duermen...

MÓNICA

Mi alma inagotable te busca desde mi pecho hasta tu pecho,
oscura como el pensamiento de mi sueño,
nocturna y fría como el vientre del cielo;
imagino que estás y nuevamente anuncio mis versos
como si los crearas con cada pisada de tus pies serenos,
abandonando nuevamente la nostalgia en tu fábula.

Jamás presentí tu llegada providencial,
así como nunca pude ser tan fausto si no en tu boca,
ni tan claro, tan nítido y tan completo si no en tus brazos,
en tus hermosas manos suaves como el crepúsculo,
y mis manos,
tristes como el exilio, cansadas como lágrimas,
hicieron refugio en tu rostro pacífico…

CON MI VIDA HACIA VOS

Con mi vida hacia vos y de frente
te digo que te amo
y golpeo a las puertas de tu alma
para que me acoja.

Me diste una ausencia,
un alba oscura,
y un corazón repleto de melancolías;
pero he visto con mis ojos una mañana blanca
donde resucitaban todas mis alegrías,
y no puedo más que esperar la hora.

Ya no hay más mentiras para mis sueños oscuros,
renazco al comprender la transparencia
que este amor significa,
una verdad frenética más intensa y más dulce.

Acaba al fin esta distancia tuya,

apenas parto a perseguir por más a mi alegría,

con una nueva palabra de amor,

con una espera consumada;

tu regreso tiñe de un verso nuevo

y tierno a mis dolores,

les envuelve y les contagia

de tu universo azul e inmóvil.

Tú, mi corazón salvaje y relámpago y flor,

eres hermosa como el aire marino,

buena como el milagro,

inevitable como mi camino y mi combate;

dejo en tus manos fabricar mi vida

y mi oda te canta como un viento pacífico y celeste;

mi corazón te ama, sin duda,

y a tus innumerables vidas,

a tus océanos internos y en éxtasis,

a tu poesía enamorada.

Mañana al fin fabricarás con mi sueño

un canto interminable,

una luna eterna que guarde a mi esperanza

y complazca mis ojos,

que muera y resucite al contemplar tu alma,

de otra manera vida, no sé amarte…

PRÍNCIPE DE MIS TINIEBLAS

I.

Con mis huellas de muerto,
suaves pasos de noche,
continúo como siempre mi camino
hacia ninguna parte y les dejo atrás;

más allá de la sangre,
mis ojos se involucran nuevamente en esta espera,
mi sueño vertiginoso se olvida de lunas,
de mundos y de labios,
se dedica a morirse y deslizarse
hasta la resurrección postrera.

II.

En medio de este amor palpitante,
mi guitarra de vida pide muchas más cuerdas,
más firmes y más fuertes,

que se atrevan a matarme del todo

para no sentirte,

soy príncipe de mis tinieblas

y eterno, y lúgubre,

todos mis fantasmas van hasta tu alma,

allí tu voz les enternece

mas tu boca se cierra antes del beso,

me deja oscuro y me obliga a dejarte.

III.

Vos me mirás así como miran los muertos,

asombrados tus ojos y hermosamente inmóviles,

ponen sombras y espanto a mi nocturna alma,

mi tristeza es entonces más inmensa y más lúgubre;

pero también sincera es la sonrisa mía,

la noche es una fiesta para nos los cadáveres,

y la sangre en la copa de tus labios es dulce,

y la muerte es más buena allí en tu boca.

IV.

Emano de vos como el espíritu,

existo y parto como un viento de ayer,

barro inmundo,

sólo alcanzo a escabullirme bajo los pies del mundo

a esperar por el agua y la brisa;

infinito y silvestre y solo,

irreducible más, hasta el fondo de mí.

V.

Alma mía,

quiero encontrarte al fin y conservar tu recuerdo,

acabar con este sacrificio de cielo,

ir hasta tu melancolía permanente,

volverme corazón en tu pecho…

MORIR EN TUS OJOS.

Te amo desde el fondo de mí y hasta tu alma,

sin remedio, incesante,

con mi vida irrevocable y con todas mis muertes,

y con ésta, mi eterna noche de versos

más fría y más lúgubre.

Camino en busca de tu nombre y de tu amor,

errático y humano

busco tu sonrisa y tu perdón,

y dejo hundir a mi barca contráctil

frente a tu mar y a tu alma,

a la postre,

no hay nada más hermoso que morir en tus ojos.

Te amo y vengo a vos

desde donde no hay más olvido,

desde mi pecho,

a ofrecerte mis nubes,

mis olas sucesivas y mis labios,

a ofrecerte mis vientos oscuros,

mis viejas lunas y mis manos,

a ofrecerte mis noches,

mis sueños imperfectos y mis ojos;

no tengo más que versos de madera

y otoños grises junto a mi sueño,

no sé borrar memorias negras

ni asesinar dolores de ayer,

no sé extinguir melancolías,

no tengo más que mis enormes soledades,

no soy más que eso,

no puedo darte más de lo que ofrezco,

no puedo ofrecerte más de lo que puedo darte,

un sueño humano,

un corazón que conoce de cielos,

que los fabrica a diario con tus ojos;

sólo soy barro inútil,

arena de otra playa,

tierra ordinaria,

una nueva memoria oscura

para tu colección de sombras;

y sólo soy azul en tus ojos,

suspiro en tus pulmones,

voz en tus labios;

soy más en vos

que lo que puedo llegar a ser a solas nunca;

quiero nacer de nuevo en tu alma,

ser destino en tu pecho,

en tu silencio océano;

o ser flor y relámpago,

verso nocturno y cielo,

a la postre,

no hay nada más hermoso

que morir en tus ojos…

AQUÍ

Aquí
es donde el árbol grita,
donde cae y muere
y donde resucita.

Aquí
es donde la expresión se vuelve nube
y llueve y moja tu cabeza.

Aquí
es donde las montañas se abren,
donde los pinos ladran
y la tierra espera
al perdón y a los ojos.

Aquí
es donde el corazón se vuelve monte
y no palpita,

es donde la mirada vuélvase al silencio.

Aquí

es donde el sueño se despierta y muere

y le asesinan.

Aquí

es donde no consigue el alma el beso

y consigue la tumba

y la cruz prematura

y el olvido.

Aquí

es donde el camino se confunde,

es donde la palabra no suena a lo mismo,

es donde el cuerpo se desvanece y hunde,

donde la flor ya no responde a la mañana,

donde las calles te conducen hacia ninguna parte

y donde el cielo espera para que nunca le lleguemos.

Aquí

es donde el respiro se hace la paloma,

es donde la memoria se hace la serpiente,

es donde al bosque le protege
el unicornio negro de la noche.

Aquí
es donde te encuentras con el rey de bastos
y le ahogas
y encuentras a tu alma y no le salvas.

Aquí
es donde la loca inspiración
prefiérase en la boca del nocturno
y donde el canto se prefiere
en la boca del sueño.

Aquí
es donde no acaba aún la vida,
aquí es donde no acaba la locura
y es donde yo termino,
aquí es donde me voy
pero no para siempre.

Aquí
es donde la luna se viste de realeza,

donde los ríos tiemblan al llegar la noche,

aquí es donde les cubre la esperanza remendada,

aquí es donde la fe se escurre las razones.

Aquí

es donde comienza la jornada,

es donde el pulso se termina.

Aquí

es donde yo muero

pero nunca del todo...

PLÁTICA

Desde luego Isabel,

combato como todos mis melancolías,

revuelco a diario los fantasmas que me quedan,

cada uno con su intención hacia mí,

y todo se revuelve y se cruza

como un mar de serpientes que clavan sus colmillos.

Desde luego Isabel,

el dolor empuja el alma hacia fuera

y la exilia,

su existencia es manifiesta cuando no la sentimos,

vacío de todo,

vacío de los ojos

que miran hacia donde ya no pueden ver,

vacío del futuro que parece no llegar,

vacío de ti mismo en cualquier parte;

¿qué es aquello que no recuperarás?

Desde luego Isabel,

mi propósito es trastocar la memoria,

lupanar de recuerdos que ceden por monedas;

mi intención como siempre es expulsar la tristeza,

o mi intención es acaso, como siempre,

aumentar la tristeza.

Desde luego Isabel,

ya he pensado en que quedarán en mis manos

sólo las consecuencias de mis actos,

y mis desactos…

ÍNDICE

www.ingramcontent.com/pod-product-compliance
Lightning Source LLC
LaVergne TN
LVHW011404080426
835511LV00005B/405